DE KWANTUMSPRONG

De wet breken om recht te halen

DE KWANTUMSPRONG

De wet breken om recht te halen

Brecht Arnaert

Met een voorwoord van Matthias Storme

—

www.dekwantumsprong.be

debatteer mee

Opgedragen aan Flor Grammens (1899-1985)

© Brecht Arnaert, juli 2011

Uitgeverij: www.lulu.com

ISBN: 978-1-4477-6268-3

Redactie: Sam Van Rooy

Vormgeving kaft en binnenwerk: S. Rosseel

Pentekening: Moijmir Mihatov ©

Gezet in Garamond, 12pt

"Nationalism as a primary — that is, the attitude of "my country, right or wrong," without any judgement — is chauvinism: a blind, collectivist, racist feeling for your own country, merely because you live there. In that sense, nationalism is very wrong.

But nationalism properly understood — as a man's devotion to his country because of an approval of its basic premises, principles, and social system, as wel as its culture — is the common bond among men of that nation.

It is a commonly understood culture, and an affection for it, that permits a society of men to live together peacefully. But a country and its system must earn this approval. It must be worthy of that kind of devotion."

Ayn Rand
"The wreckage of consensus",
lecture at the Ford Hall Forum, Boston, 1967

VOORWOORD

In deze tijden van relativisme is het verfrissend om een essay te lezen als hetgeen dat nu voor u ligt. In dit probeersel bundelt de auteur niet alleen historische, politieke, filosofische en juridische inzichten samen in een uitgewerkte redenering, hij probeert bovendien ook nog criteria te ontwikkelen om waar en onwaar van elkaar te scheiden. Dat is op zijn minst een ambitieuze onderneming. Dat hij daarbij inspiratie put uit een van de meest radicale wijsgerige werken uit de twintigste eeuw kan hem niet ten kwade worden geduid. Radicaal zijn is geen zonde. Radicaal is datgene wat de dingen bij de radix, de wortel aanpakt.

Arnaert rukt de politieke aannames die tot op heden in België algemeen aanvaard worden echter niet zomaar met wortel en al uit de grond. Hij gaat op eerder zoek naar de essentie van wat verkeerd loopt, en reikt een remedie aan die even diep grijpt als die wortels. Want zoals Jan Engelman dichtte in het verzet tegen de Duitse bezetter:

"Wanneer de waarheid niet meer wordt gezeid,
Gelijkt de ziel een landschap zonder regen:
De grond versmacht, de bloei is voor de tijd
Verdord, verschrompeld en de lucht staat tegen

(Jan Engelman, Ballade van de waarheid)

Wanneer Brecht er dus voor pleit om de Grondwet als hoogste positiefrechtelijke norm in ons staatsbestel terzijde te schuiven om Vlaanderen de sprong te laten maken die het nodig heeft, dan is dat geen pleidooi voor wetteloosheid, voor anomie. Er zijn nu eenmaal sommige momenten waarop het laatste woord niet meer kan toekomen aan de gestelde lichamen, de zogenaamde "corps constitués", omdat het land zo ongesteld is dat men naar een herstel, een re-constitutie - en dus een nieuwe constitutie - moet overgaan.

De beroemdste uitdrukking daarvan komt in dit essay aan bod, de Amerikaanse onafhankelijkheidsverklaring. Zij was ten dele geïnspireerd door onze eigen Nederlandse onafhankelijkheidsverklaring uit 1581 en inspireerde er op zijn beurt vele anderen. Maar ook de Belgische geschiedenis toont dat de belangrijkste constitutionele hervormingen alhier bijna allemaal in strijd met de Grondwet zijn gebeurd, te beginnen met de Belgische Omwenteling zelve natuurlijk.

De kwantumsprong is dus geen sprong naar de juridische leegte. De anomie wordt in veel grotere mate juist veroorzaakt door het halsstarrig vasthouden aan een onhoudbare "gevestigde" orde. Met dergelijke sprongen moeten we zuinig omspringen, maar "when in the course of human events, it becomes necessary", dan moet die noodzaak zowel uitgesproken, beargumenteerd als uitgevoerd worden.

Natuurlijk heeft niet iedereen daarbij dezelfde verantwoordelijkheid; niet iedereen heeft dezelfde macht. Maar wie de gave van het woord heeft, heeft ook een zekere verantwoordelijkheid om dat woord in te zetten. Brecht Arnaert zet het woord in, niet in de vorm van holle kreten, hatelijkheden of emocratische prietpraat, maar helder en beredeneerd.

Als het debat over de politieke toestand van onze Gemeenschap steeds op dit niveau zou worden gevoerd, zouden we al een stuk verder staan.

Prof. Dr. Matthias Storme

INLEIDING

In de voorbije maanden is vaak gepleit voor redelijkheid in de communautaire onderhandelingen. Die zouden namelijk keer op keer mislukken omdat N-VA "niet in staat zou zijn tot een compromis". Sommigen verdenken Bart De Wever trouwens openlijk van een verrottingsstrategie. Dat je niet kunt laten verrotten wat al jaren rot is, is een leuke repliek daarop, maar er is een diepere analyse nodig over het keer op keer stilvallen van de onderhandelingen.

Gaat het inderdaad enkel over "haantjesgedrag", "manifeste onwil", ja zelfs "pre-electorale retoriek"? Of zijn er fundamentele onverenigbaarheden die op een politiek-filosofisch niveau tegenover elkaar blijven staan? Zijn de wederzijdse bezwaren enkel oppervlakkige kortetermijnoverwegingen die met een beetje goede wil "et un peu de miel" op te lossen vallen? Of zit het probleem veel dieper?

De vraag stellen is ze beantwoorden. In dit essay onderzoek ik waarom de onderhandelingen al meer dan een jaar, maar eigenlijk al meer dan 3 jaar geblokkeerd zitten. In het centrum van de aandacht wordt hier de relatie tussen N-VA en PS geplaatst. Deze twee partijen zijn elk in hun taalgebied de grootste, en ze vertolken dus ook de meest algemene consensus in hun gemeenschap. De bedoeling is om na te gaan waarom deze onderhandelingen gedoemd zijn om te mislukken, en wat dus de conclusies voor ons politieke handelen als Vlaamse Gemeenschap moeten zijn.

Ik start met het schetsen van een analysekader. Zonder klare definities is een duidelijke discussie immers onmogelijk. Als men bijvoorbeeld erg vaak oproept tot "redelijkheid" om tot een compromis te komen, wat houdt die term dan eigenlijk in? En wat is dat eigenlijk, een compromis? Is dat zomaar elk akkoord? Of zijn er bepaalde minimumkenmerken die aanwezig moeten zijn om van een compromis te mogen spreken? Om deze preliminaire vragen te kunnen beantwoorden maak ik gebruik van de definities van Ayn Rand, mijn favoriete filosofe en de grootste inspiratiebron in al mijn denken en doen.

Daarna wordt het discours van zowel N-VA als PS van dichterbij bekeken. Ik start bij de verkiezingsretoriek van beide partijen, om dan via een analyse van de voornaamste stellingen in de onderhandelingen tot de basispremisse van elke partij te komen. Via een causale analyse wordt aangetoond dat de fundamentele axioma's waarop beide partijen hun politieke filosofie legitimeren, onverzoenbaar zijn. Niet omdat het zou afhangen van personen of goede wil, maar omdat een verzoening metafysisch onmogelijk is.

In een derde deel wordt deze analyse verder uitgediept. Immers, de simpele vaststelling dat er geen compromis mogelijk is, volstaat niet. Er moet ook bewezen worden wie dan gelijk heeft. Maar wat is dat eigenlijk, gelijk hebben? En zelfs al kan je dat definiëren, hoe bepaal je in godsnaam wie gelijk heeft? De verleiding is namelijk groot om vanuit ons standpunt te zeggen dat de Vlamingen gelijk hebben. Maar als dat zo is, waarom dan? Via de theorie van het Objectivisme – onafhankelijk van de waarnemer is de realiteit wat ze is – wordt bewezen waarom de Vlamingen inderdaad gelijk hebben.

Gelijk hebben is één ding, gelijk krijgen een ander. In een vierde deel wordt uit de doeken gedaan hoe het komt dat de Vlamingen binnen België nooit gelijk krijgen. Er wordt stilgestaan bij het juridisch kader dat als een kooi rond de Vlamingen is gebouwd. Dit stuk is het minst vrolijke: het etaleert de totale onmacht van de Vlamingen ... zolang zij zich aan de wet houden.

In een vijfde deel worden de grondslagen van het recht geanalyseerd en tegenover de Belgische wettelijkheid geplaatst. Met Hayek wordt het verschil geïdentificeerd tussen "law" en "legislation", tussen "het" recht en "de" wet. Zelf probeer ik "la condition belge" te definiëren als de kloof tussen die twee: in een land waar de natuurrechtelijke principes wettelijk omgekeerd worden, is perversie de norm.

Tot slot wordt deze analyse vertaald in politiek handelen. Wat moeten we nu met al dat bewijs aanvangen? Meteen maar de Vlaamse onafhankelijkheid uitroepen? Naar nieuwe verkiezingen gaan? Of toch maar verder onderhandelen? In dit laatste deel wordt aangetoond dat dit een valse keuze is. Er wordt een alternatieve oplossing voorgesteld. Binnen België. Maar het is géén compromis. Het is de kwantumsprong.

I. Analysekader

Een definitie-apparaat uitbouwen is een hoogst filosofische bezigheid. Niet zelden springen politieke discussies immers af op uitspraken als: "Het hangt er allemaal vanaf hoe je de dingen bekijkt" of "Het is allemaal relatief" of "Dat is een politieke keuze". Alsof politiek in het luchtledige opereert. Het definiëren van wat je bedoelt is dus niet alleen een epistemologische opdracht, waarbij de geldigheid van concepten moet worden bewezen, het is ook een metafysische opdracht, die naar uitspraken over de aard van de werkelijkheid zelf gaat. Nog voor je ook maar de kleinste discussie kunt beginnen, moet er dus eerst duidelijkheid zijn over het analysekader dat wordt gebruikt, de filosofische aannames waarvan men vertrekt, en de inhoud van de begrippen die men hanteert.

In dit essay maak ik gebruik van het meest krachtige filosofische systeem dat mij bekend is, dat van Ayn Rand: geboren als Alissa Zinovieva Rosenbaum in 1905 in Sint-Petersburg. Deze Joods-Russische schrijfster en filosofe, die onlangs nog door Hans Achterhuis1 op schandelijke wijze werd geportretteerd, wijdde haar leven en haar werk aan het tegengaan van het wild om zich heen grijpende nihilisme. Zij identificeerde Immanuel Kant als de bron van de misvatting dat "de" realiteit niet bestaat, en wijdde haar leven aan het dichten van de valse dichotomieën die daardoor waren ontstaan: lichaam en geest, taal en realiteit,

---

1 Hans Achterhuis, *De utopie van de vrije markt*, Lemniscaat, 2010

materie en energie. Hieruit ontstond een geheel eigen filosofie, die zij het Objectivisme doopte.

De centrale gedachte de Objectivistische filosofie is dat het menselijk denken niet subjectief is, maar volgens vaste regels verloopt die niet te ontkennen vallen omdat zij axiomatisch zijn. Een concept kan dus objectief worden opgebouwd via een verifieerbaar juiste observatie van de werkelijkheid, die elke zweem van subjectiviteit, of zelfs intersubjectiviteit uitsluit.

Het innemen van een dergelijke stelling in het hedendaagse filosofische landschap wordt doorgaans op hoongelach onthaald. De notie dat er maar één realiteit bestaat, dat de zintuigen betrouwbaar zijn, en dat op basis daarvan dus een objectieve morele en politieke theorie kan worden gebouwd is een stelling die praktisch niet meer verdedigd wordt. Maar Rosenbaum deed dat wel, en naar mijn mening met succes.

Haar filosofie hier in alle finesses bespreken is te hoog gegrepen. Maar om de Belgische situatie met objectieve bril te kunnen bekijken, is wel wat kennis over haar filosofisch systeem nodig. België is bij uitstek een surrealistisch land, waarin niets lijkt wat het is. Identiteit is hier geen gewoon filosofisch begrip, maar heeft een zeer zware politieke lading. Terwijl de enen met een soort machtsspreuk beweren dat zij Vlaming zijn, lachen de anderen dit weg en beweren ze dat identiteit slechts een constructie is, een hersenspinsel, een gedachtesprong.

In België kan dan ook niets worden gedefinieerd, bij gebrek aan een objectieve standaard. De Vlamingen lijken te bestaan, maar dan enkel in het Vlaams Gewest - in Brussel bestaan institutioneel enkel Belgen. De Walen lijken te bestaan, maar dan enkel als het over wegen en bruggen gaat, want hun culturele aangelegenheden worden geregeld door de Franse Gemeenschap, die vanuit Brussel opereert. De Brusselse Franstaligen tenslotte, noemen zich post-identitair, maar willen in al hun postnationaliteit toch een volwaardig derde gewest. In het communautaire conflict zit dus een onwaarschijnlijke hoeveelheid nihilisme: niemand kan ten gronde bewijzen wie of wat hij is. Alles hangt inderdaad af van hoe je tegen de dingen aankijkt.

Rand wijt de groeiende onmogelijkheid om identiteiten te identificeren voor wat ze zijn aan de valse dichotomie tussen het "Ding An Sich" en het "Ding fur Mich", zoals Kant die in de Westerse filosofie heeft bestendigd. Wie immers beweert dat er een onoverbrugbare kloof bestaat tussen de werkelijkheid en onze conceptie ervan, beweert eigenlijk dat er zoveel voorstellingen van de werkelijkheid kunnen bestaan als er mensen zijn. In een dergelijk filosofisch systeem verwordt identiteit inderdaad tot een subjectief en arbitrair iets.

De epistemologische gevolgen zijn ernaar. Als we toch nooit zeker kunnen zijn dat de realiteit die we waarnemen wel echt "de" realiteit is, dan valt heel de notie van "gelijk hebben" in het water: iedereen heeft namelijk zijn eigen gelijk. Dit is het einde van elk vredevol samenleven. Immers, als iedereen per definitie al gelijk heeft, dan is er geen waarheid buiten de hyperindividuele mening om, en dus ook geen standaard om met elkaar om te gaan. De metafysische aanname van een onoverbrugbare kloof tussen Ding An Sich en het Ding Fur Mich heeft dus niet alleen een epistemologisch nihilisme tot gevolg. Ook de morele dimensie lijdt eronder.

Als de Waarheid inderdaad slechts een arbitraire gedachteconstructie is, dan maakt het ook niet uit hoe we handelen. Het eigenste particuliere inzicht is immers de standaard, en een intersubjectieve conventie over wat goed en slecht is het hoogst haalbare. Maar niemand kan met zekerheid zeggen wat het goede is. Wanneer iemand zich in zo'n ethisch systeem immoreel gedraagt, heeft hij hoogstens de conventie overtreden. Maar niemand kan beweren dat die persoon ook echt ongelijk heeft.

De volgende laag die aangetast wordt, is die van de politieke filosofie. Wie de premisse aanvaardt dat de werkelijkheid onkenbaar is, onze concepten slechts een conventie zijn, en de moraal dus subjectief is, kan niet anders dan tot de conclusie komen dat politiek een zaak is van het opdringen van de eigen principes aan de andere. Het enige wat mensen dus kunnen doen, is strijden en macht uitoefenen om "hun" waarheid op te dringen aan anderen. Een oorlog van allen tegen allen dus.

De metafysische premissen van Kant leiden dus tot een onleefbare wereld, waarin de mens van niets meer zeker is, geen morele standaard meer heeft, en vrijheid een illusie is die ten koste van anderen wordt uitgeoefend. Het is met andere woorden de wereld waarin wij nu leven. Ruim tweehonderd jaar na de publicatie van de Kritik der Reinen Vernunft (1781) zien we de explicitering van die originele metafysische denkfout in al zijn droefheid.

Rand pakt de problemen bij de wortel aan. Zij grijpt terug naar Aristoteles en beweert dat de waarheid wel degelijk bestaat, en dat het kwestie is om die correct te identificeren door middel van logica en observatie. De hamvraag bij dat denkwerk is dan natuurlijk wel wat "de" werkelijkheid is. Dat is immers moeilijk te achterhalen, aangezien elke uitspraak daarover meteen een mentale actie is, en dus evengoed een gedachtenconstructie van ons eigen brein kan zijn.

Hoe ben je er met andere woorden zeker van dat je de realiteit niet zelf aan het uitvinden bent? Men zou erin moeten slagen om te bewijzen dat wat we waarnemen ook nog zou bestaan als we het niet meer waarnemen, maar dat lijkt onmogelijk. Talloze filosofen hebben hier hun hoofd al over gebroken. Wie kan aantonen dat de werkelijkheid ook buiten ons bewustzijn bestaat, kan de hele Kantiaanse dichotomie tussen metafysica en epistemologie verwerpen.

De oplossing die Rand aan dit probleem heeft gegeven is de volgende:

"Existence exists. And the act of grasping that statement implies two corollary axioms: that something exists which one perceives and that one exists posessing conciousness, concioussness being the faculty of perceiving that which exists"[2]

Vrij vertaald komt het hierop neer dat het bestaan eerst komt, nog voor het bewustzijn. Deze oplossing lijkt verraderlijk eenvoudig voor zo'n moeilijk probleem, maar in wezen is dat zo met elk raadsel. Een raadsel is niets meer dan de realiteit, toegedekt met cryptische omschrijvingen. Het komt erop aan de verschillende lagen van het raadsel te ontwarren, en de essentie in heldere termen te definiëren.

Deze filosofische aanloop kan vergezocht lijken, maar ze is nodig. Het probleem zit immers dieper dan de loutere partijpolitiek. Het is een probleem waarmee de hele Westerse wereld worstelt: de notie bewijsvoering. Hoe bewijzen we dat onze waarden geldig zijn als we al aangenomen hebben dat bewijsvoering an sich niet mogelijk is? "De" realiteit bestaat immers niet, en dus is elke bewijsvoering op voorhand al futiel. Dus ook in een politieke context.

---

[2] Leonard Peikoff, *Objectivism, the philosophy of Ayn Rand*, New York, Meridian, 1993, p. 6

We staan dus nog best even stil bij de notie bewijsvoering voor we verder gaan. De oplossing van Rand – het bestaan komt voor het bewustzijn – valt niet te ontkennen. Mocht er eerst een bewustzijn zijn, nog voor er iets bestaat, dan komt men in een contradictie terecht: er zou nog niets bestaan, maar er zou tegelijkertijd al wel een bewustzijn bestaan dat de wereld probeert te begrijpen. Dat is een contradictie. Contradicties zijn denkfouten en bestaan enkel in ons hoofd, niet in de realiteit. We zijn dus zeker dat de wereld bestaat, nog voor er maar sprake is van zelfs het kleinste bewustzijn.

Op deze rotsvaste zekerheid kan elke verdere kennis worden opgebouwd. Dat gebeurt door een causale afleiding van een aantal secundaire axioma's. Als het bestaan bestaat, dan is het bewustzijn bewust. Immers, de handeling waarbij iemand beseft dat het bestaan bestaat, is een bewuste handeling. Het is onmogelijk om akkoord te gaan met het eerste axioma, zonder het tweede axioma te erkennen.

De verdere afleiding van alle secundaire axioma's zou ons te ver leiden. Wat ons hier interesseert is de noodzakelijkheid van dit alles. Het is onmogelijk om deze axioma's te ontkennen, en wat meer is: het is onmogelijk om de volgorde ervan te ontkennen. Het bewustzijnsaxioma volgt noodzakelijk uit het bestaansaxioma, niet omgekeerd. De werkelijkheid op een andere manier identificeren, leidt tot contradicties. Contradicties zijn denkfouten: verkeerde voorstellingen van de realiteit.

Dit wordt de sleutel bij het bepalen wie gelijk heeft. Immers, net zoals er een noodzakelijke volgorde van de axioma's van de metafysica bestaat, bestaat die noodzakelijke volgorde ook voor de axioma's van het samenleven. Wat verkeerd is geordend, leidt tot contradicties en veroorzaakt politieke spanningen. Het wordt de taak van dit essay om die axioma's van het samenleven zonder contradictie af te leiden.

We hebben dus vaste grond onder de voeten. Terwijl je met Kant helemaal niets kunt bewijzen, omdat in zijn filosofie de notie 'bewijs' op zich al ongeldig is gemaakt door het installeren van een valse dichotomie, kun je met Rand wel degelijk uitzoeken wie nu gelijk heeft in het Belgische communautaire conflict door het identificeren van de correcte volgorde van de samenlevingsaxioma's.

Voor we echter aan dat hard labeur kunnen beginnen, hebben we nog een laatste horde te nemen: correcte definities. Want wat ben je ermee als je kan bewijzen dat de samenleving op een bepaald principe is opgebouwd, als iemand vlakaf kan beweren dat de concepten die je in je bewijsvoering gebruikt ongeldig zijn? Niet zelden wordt epistemologisch relativisme opgeworpen als laatste verdedigingslinie tegen een bewijsvoering. We moeten dus er dus absoluut zeker van zijn dat we onze tegenstanders ook semantisch 'bij de ballen hebben'.

De concepten "compromis" en "redelijkheid" worden bijvoorbeeld dagelijks gebruikt in de krantencommentaren en duidingsprogramma's. Maar kan iemand eigenlijk exact zeggen wat dat is, redelijkheid? En wat maakt een compromis tot een compromis? Wat zijn de essentiële eigenschappen van dat concept, en hoe verhoudt het zich bijvoorbeeld tot het concept "verraad" of het concept "overwinning"?

Het correct definiëren van concepten is een titanenwerk, omdat elk concept onderliggende concepten gebruikt, en er dus een hele conceptuele structuur opgebouwd moet worden voor men concepten van een hogere orde geldig kan definiëren. Gelukkig heeft Rosenbaum ook hier bergen werk verzet. Doorheen haar filosofische leven heeft zij meer dan drieduizend concepten gedefinieerd. Al deze definities, gaande van "stoel" tot "liefde" en "rechtvaardigheid", zijn verzameld in het Ayn Rand Lexicon3. En gelukkig ook de concepten "compromis" en "redelijkheid". We starten met het eerste concept: een compromis.

> *"Een compromis"*, aldus Rand, *"is een aanpassing van conflicterende claims door wederzijdse toegevingen op basis van een gedeeld principe".*

Vaak hebben twee partijen een of andere valide claim, die ze ofwel kunnen doordrukken tot het einde, met het gevaar dat de ander afhaakt, ofwel kunnen aanpassen, in de hoop een groter wederzijds voordeel te verkrijgen. De tactische overweging om de eigen voorkeur niet tot het uiterste te drijven, maar aan te passen aan de ander om zo tenminste zeker te zijn van iets, is wat

---

[3] Harry Binswanger, *The Ayn Rand Lexicon: Objectivism from A to Z*, New York, NAL Books, 1986, p. 34 & p. 257

compromissen kenmerkt. In essentie is een compromis eigenlijk een ruil na onderhandeling.

Maar om tot een ruil te kunnen komen, is het essentieel dat beide partijen akkoord gaan met een fundamenteel principe dat als basis dient voor hun deal. Zo kan men bijvoorbeeld zijn woning proberen te verkopen tegen een bepaalde prijs. Na wat onderhandelen zullen koper en verkoper uiteindelijk een compromis sluiten over een som die ergens tussen de vraagprijs en de biedprijs ligt.

Het principe dat hier als basis dient voor de overeenkomst, is dat men betaalt voor de overdracht van een eigendomsrecht. Niet voor niets heet de eerste koopakte van een huis in de volksmond dan ook "een compromis": de officiële verklaring dat men akkoord gaat met het principe van de verkoop; alleen moet de akte nog officieel verleden worden.

Mocht de koper bijvoorbeeld uitgaan van het principe dat men zich een woning kan toe-eigenen door de bewoners eruit te jagen, dan is er geen ruil, maar dwang. Dat is een heel ander principe, en kan niet dienen als basis voor een deal. Het is de overheersing van de één op de ander. Een compromis is dus niet zomaar elke wederzijdse toegeving, maar een toenadering die zich binnen een vooraf overeengekomen principieel kader afspeelt.

Binnen een principe kan er dus ruil zijn, tussen principes niet; ofwel overheerst het ene principe, ofwel het andere. Aan een inbreker ook maar één theelepel van uw zilveren servies afgeven "in ruil" voor veiligheid, zou geen compromis zijn, maar een principiële verzaking aan uw recht op eigendom. Principes moeten dus afgedwongen worden, goede tegen slechte.

Maar hoe weet je nu wat een goed principe is? Vooral in een politieke context denkt iedereen wel voor de goede zaak te vechten. Hoe weet je dus met zekerheid welk principe het juiste is? De methodiek die Rand voorstelt is eenvoudig: spoor contradicties op. Contradicties zijn namelijk het kanarievogeltje in de filosofische mijn. Wie contradicties in zijn denken ontwaart, moet zijn premissen checken.

Iets kan namelijk perfect logisch afgeleid zijn, maar toch contradicties opleveren. Dat wil echter niet zeggen dat het redeneerwerk fout was, maar wel dat het startpunt van het denken niet geldig was. Mocht dat startpunt wel geldig zijn geweest, dan zou de logische afleiding geen contradictie met de werkelijkheid hebben opgeleverd.

Contradicties zijn epistemologische verschijnselen en bestaan metafysisch niet. Ze zijn producten van ons denken en kunnen er dus niet onafhankelijk van bestaan. Het zijn gewoonweg foute denkbeelden die vroeg of laat de test met de werkelijkheid niet zullen doorstaan. Iemand kan er bijvoorbeeld heilig van overtuigd zijn dat hij van de dakrand af kan vliegen door met zijn armen te klapwieken, maar het resultaat zal hem leren dat dit inderdaad een denkfout was.

Contradicties komen in alle taken van de filosofie voor. Het resultaat ervan in de metafysica is mystiek, in de epistemologie leidt het tot irrationaliteit, in de ethiek tot perversie, en in de politiek tot macht. Daar waar mystiek, irrationaliteit, perversies of macht te bespeuren vallen, is er een contradictie aan het werk en is er dus iets loos met de natuurlijke rangschikking van axioma's. We werken dit straks uit. Voorlopig besluiten we dat een compromis een ruil van waarden is binnen een vooraf overeengekomen principieel kader. Wanneer er geen consensus is over de basisprincipes, dan is het woord compromis dus niet op zijn plaats.

"Redelijkheid" vervolgens, wordt door Rand gedefinieerd als *"het menselijk vermogen om de realiteit te identificeren op een niet-contradictorische manier"*.

Eerder toonden we al aan dat een redenering perfect logisch kan zijn, maar toch fout. Van immens belang zijn de startpunten van het denken. Er zijn eigenlijk maar twee opties. Ofwel start men het denken vanaf een dogma, ofwel van af een axioma. Dit is het essentiële onderscheid tussen iemand die rationeel nadenkt, en iemand die halsstarrig aan een bewering blijft vasthouden, wat de argumenten tegen die stelling ook zijn. Het is niet omdat een redenering perfect ineen zit, dat men de verantwoordelijkheid ontloopt die logica ook te gronden op een uitgangspunt. En dat uitgangspunt moet een axioma zijn.

Een axioma is een startpunt van het denken dat niet kan worden bewezen, omdat het zelf het begin is van alle bewijs. Wie een axioma wil ontkennen, heeft dat axioma nodig om dat te doen, en komt in een onvermijdelijke contradictie terecht. Wie bijvoorbeeld wil ontkennen dat het bestaan bestaat, moet dat doen met niet-bestaande dingen, wat de poging dus al bij voorbaat onmogelijk maakt. Axioma's zijn onomstotelijk geldige startpunten van het denken, los van wie die denkoefening ook maakt. Je kunt er niet omheen.

Dogma's zijn andere koek. Een dogma is een startpunt van het denken waar je wel omheen kan, maar niet omheen mag. Met dogma's gaat dus veel macht gepaard. Wie bijvoorbeeld wil ontkennen dat gelijkheid een axioma van het samenleving is, en het dus identificeert als dogma, bedreigt de positie van diegenen die dit dogma gebruiken om hun eigen machtspositie te legitimeren. Een dogma is dus altijd een stelling die je moet aannemen op gezag, een stelling die niet bewezen kan worden. Niet om de redenen die een axioma tot een axioma maken (inherente onweerlegbaarheid), maar omdat iemand nu eenmaal heeft beslist dat die bewuste stelling het startpunt van elk denken is.

Voorlopig besluiten we dus dat redelijk zijn betekent dat men vertrekt van de werkelijkheid zoals ze is: dat men de natuurlijke rangschikking van de axioma's respecteert, en hun volgorde niet op hun kop zet. Wie dat wel doet is irrationeel. Een dogma is een axioma op de verkeerde plaats. Zij die wijzen op de inherente contradicties van een dergelijke rangschikking, zijn een gevaar voor de macht die met het bestendigen van een dogma gepaard gaat. En net dat is de rol die het Vlaams-nationalisme in België inneemt.

II. Conflicterende premissen

De periode waarin de ideologie van een partij het best tot uiting komt, is die van haar campagne in de aanloop naar verkiezingen. Het is immers pas op het scherpst van de snee dat meningen expliciet worden: voor de rest is politiek de kunst om te zeggen wat je niet gezegd wil hebben.

N-VA heeft in de aanloop naar de federale verkiezingen van 13 juni 2010 een campagne gevoerd met de slogan "Nu durven veranderen", die op het eerste zicht weinig inhoud heeft, maar wel degelijk een grote lading dekte. De slogan capteerde het gevoel dat de Belgische status quo onhoudbaar was, en dat er radicale veranderingen moesten worden doorgevoerd.

De PS van haar kant trok naar de kiezers met de slogan: "Un pays stable. Des emplois durables". Ook dat lijkt een slogan met weinig inhoud, maar ook hier zit een hele agenda achter. De slogan verwoordde het gevoel dat elke verandering een verslechtering is, en dat het status quo dus koste wat het kost moest worden behouden.

Nu zou men kunnen proberen een compromis te vinden tussen beide standpunten. Men zou kunnen zeggen dat tussen een partij die "iets" wil veranderen, en een partij die "niets" wil veranderen, de tussenweg erin bestaat dat de ene partij wat minder wil veranderen, en de andere wat meer. Maar passen we onze definitie van het concept "compromis" toe, dan zien we meteen dat dit onmogelijk is.

Een tijdlang dachten de Franstaligen bijvoorbeeld dat de Vlamingen wel tevreden zouden zijn met een paar miljard extra, in ruil voor communautaire vrede. Dat was dan ook het eerste voorstel van pre-formateur Elio Di Rupo: meer dan tien miljard extra zou richting de deelstaten gaan, en daarna kon België terug zijn gangetje gaan.

Maar het programma van de N-VA had het niet over meer geld, maar wel over het principe waarop men zich baseert om dat geld te verdelen. Daarom zaten deze onderhandelingen al van dag één op hun tandvlees: het ging hier niet over een ruil op basis van een wederzijds aanvaard principe, maar om een strijd over de principes zelf. Terwijl de N-VA meer responsabilisering van de regionale overheden bepleitte, verklaarde Elio di Rupo op hetzelfde moment dat niemand armer mocht worden.

Die twee principes zijn onverzoenbaar in hun natuur. Als men uitgaat van het principe dat niemand armer mag worden, dan wordt er een oerbegrip buiten spel gezet: causaliteit. Een logisch gevolg van het nemen van verantwoordelijkheid is namelijk dat je de opbrengsten van goede beslissingen voor je rekening neemt, maar ook de verliezen van slechte beslissingen. Wie verantwoordelijkheid neemt, moet dus met andere woorden de gevolgen dragen.

Als men echter vasthoudt aan de idee dat niemand armer mag worden – wat ook gebeurt – dan betekent dit eigenlijk dat elke inspanning tot goed bestuur op voorhand al futiel is. Wat je als politieke klasse aan deze of gene zijde van de taalgrens dus uitvreet, het maakt niet uit, aan het einde van de rit krijgt elke deelstaat nog steeds evenveel geld van de federale overheid.

Causaliteit laten spelen en tegelijkertijd niet laten spelen, is metafysisch onmogelijk. Het is één van de twee. Iets kan niet A zijn en tegelijkertijd non-A. Ofwel draagt men verantwoordelijkheid en bestaat de mogelijkheid dat men armer wordt bij slecht beleid. Ofwel gaat men ervan uit dat niemand armer mag worden, maar dan wordt het begrip "verantwoordelijkheid" uitgeschakeld. De twee gaan niet door één deur.

Om die reden zijn deze onderhandelingen, en alle volgende, noodzakelijk gedoemd te mislukken. Als een compromis een wederzijdse toegeving is op basis van een gedeeld principe, dan is het na dit kleine onderzoek al duidelijk dat er geen gedeeld principe is. De N-VA poneert verantwoordelijkheid als eerste axioma, en ziet solidariteit als een afgeleide waarde. De PS ziet solidariteit als primaire waarde van het samenleven. Verantwoordelijkheid komt bij haar maar op de tweede plaats.

De vele commentatoren die het communautair conflict in België dus proberen te reduceren tot een verhaal van goede wil en persoonlijkheden, miskennen het feit dat de premissen van N-VA en PS zelfs tot op het diepste metafysische niveau van elkaar verschillen. Een toegift van de ene aan de andere partij is niet de afzwakking van een ruilbare eis, maar de complete opgave van de eigen positie.

Geeft de PS toe, dan verovert de N-VA een principiële verworvenheid. Geeft de N-VA toe, dan wint de PS meteen het hele principe. De marge is nul. In zulke situaties is er maar één oplossing: bepalen wie fundamenteel gelijk heeft, en dat gelijk dan zonder ook maar de minste schroom afdwingen.

III. DE WERKELIJKHEID

We zagen eerder al dat gelijk hebben niets meer en niets minder is dan het correct identificeren van de noodzakelijke volgorde van axioma's. Wie kijkt naar een stok in het water en denkt dat die gebroken is, maar tegelijk onder water voelt dat die niet gebroken is, ervaart een contradictie. Echter: contradicties bestaan metafysisch niet, ze zijn een epistemologisch verschijnsel. Wie dus een contradictie in zijn denken ontwaart, moet zijn premissen checken.

Observeren we nu het huidig communautair conflict, dan zien we dat vooral in het Franstalige discours heel wat contradicties te ontwaren vallen. Terwijl zij de Vlamingen verwijten niet solidair te willen zijn, blijven de Vlamingen jaar na jaar vele miljarden afstaan aan het armlastige zuiden van het land. Wanneer de Vlamingen de Waalse politici echter oproepen tot een responsabilisering van de overheidsuitgaven, wordt furieus gereageerd.

Nochtans is het net diezelfde responsabilisering die Vlaanderen zichzelf moet opleggen om überhaupt solidair te kùnnen zijn. Het is maar omdat Vlaanderen van zichzelf eist wat het van anderen eist, dat het Wallonië kan helpen. Mocht Vlaanderen op dezelfde manier uitgaan van Waalse solidariteit, dan zouden beide Gemeenschappen collectief verarmen. Er moet dus iets mis zijn met rangschikking van de axioma's van de Waalse politieke filosofie.

En dat is ook zo. De taalgrens is niet enkel een zorggrens, een economische grens of een cultuurgrens, maar bovenal een politiek-filosofische grens: op welke grondslag willen we de polis organiseren? Bezuiden de taalgrens beroept men zich op het principe van de solidariteit, te boven de taalgrens begint men eerst over verantwoordelijkheid.

Het punt is echter niet dat we moeten kiezen. Een samenleving zonder verantwoordelijkheid is onmogelijk: in een dergelijk model zou niemand de gevolgen moeten dragen van zijn acties. En een samenleving zonder solidariteit is eenvoudigweg geen samen-leving meer, maar een toestand van hyperindividuele apartheid. Het punt is dat we moeten bepalen welk principe eerst komt, en welk slechts in afgeleide orde kan bestaan. Komt solidariteit voor verantwoordelijkheid? Of is het andersom?

De test is eenvoudig. Solidariteit betonen voor men verantwoordelijkheid opgenomen heeft levert enkel contradicties op en is dus gewoonweg onmogelijk. Zelfs al zou iedereen zo goedhartig willen zijn om eerst solidariteit te tonen met een ander, dan nog staat het vast dat je eerst zelf iets geproduceerd moet hebben om überhaupt solidair te kunnen zijn: consumptie komt na productie. Wie het anders beweert, neemt eigenlijk aan dat je een taart kunt verdelen nog voor je ze hebt gebakken. Dat is onmogelijk.

Het betonen van solidariteit is dan ook het opnemen van verantwoordelijkheid over iemand anders. Zelfs solidariteit draagt dus een kern van verantwoordelijkheid in zich: men kan niet op een onverantwoordelijke manier solidair zijn. Men bekijkt de noden van de hulpbehoevende en ondersteunt die, maar niet onvoorwaardelijk. Degene die solidariteit geniet, wordt verondersteld van de tijdelijke steun gebruik te maken om zijn zelfredzaamheid terug op peil te brengen. Verantwoordelijkheid komt dus voor solidariteit. Niet andersom.

Vlaanderen heeft dus onomstotelijk gelijk als het uitgaat van responsabilisering als basisprincipe, en solidariteit daarvan laat afhangen. Dit is de correcte metafysische volgorde van de axioma's van het samenleven. Iets anders beweren is de werkelijkheid tegenspreken.

Bijkomend bewijs voor deze conclusie is niet nodig. Maar de loutere observatie van het web van contradicties waarin de PS zich moet begeven om haar standpunt te kunnen legitimeren kan dienen als illustratie. Het voorstellen van solidariteit als het uitgangspunt van elk samenleven is immers een mensgemaakte illusie die enkel via bedrog, ontwijking en leugens in stand kan worden gehouden.

Terwijl Elio Di Rupo zich bijvoorbeeld meermaals openlijk afvroeg of Bart De Wever wel een regering wilde, wilde hij er anno 2010 tegelijkertijd toch niet de formateur van zijn, maar slechts "pre-formateur". Terwijl men zei een princiepsakkoord af te sluiten over meer autonomie voor de deelstaten, introduceerde men tegelijkertijd "twaalf principes" die deze autonomie al weer fnuiken. Terwijl men zich wekenlang afvroeg of Bart De Wever wel tot een compromis wou komen, werd een gebalanceerde nota die het bewijs was van die bereidheid, in nog geen twee uur van tafel geveegd.

Maar daar eindigt het niet. Terwijl men opriep tot wederzijds begrip, betichtte men de N-VA tegelijkertijd van woordbreuk. Terwijl men de slechter wordende financiële situatie van België als argument gebruikte, weigerde men tegelijkertijd in te gaan op de broodnodige hervormingen die die situatie kunnen verbeteren. Terwijl men opriep tot redelijkheid, organiseerde men tegelijkertijd de ene irrationele hetze na de andere. Men zwelgt in onredelijkheid. Men vlucht in een metafysisch waanbeeld, een ontkenning van de werkelijkheid. Steeds is A ook non-A. En dat kan niet.

Er bestaat geen mooiere illustratie van deze houding dan de titel op de cover van Knack van 24 november 2010: "Wallonië leeft niet meer in de realiteit". Die uitspraak komt niet van de redactie van Knack, maar van Philippe Dutilleul, niemand minder dan de Waalse auteur van het boek *Bye-bye Belgium*.

Een mooiere illustratie van de Objectivistische filosofie valt haast niet te bedenken. Als de waarheid slechts een kwestie van perspectief zou zijn, dan zou Dutilleul als volbloed Waal moeten volhouden dat Wallonië het bij het rechte eind heeft. Dan zou de waarheid nationaal zijn. En dat is ze niet, ze is universeel. Zelfs voor wie ongelijk heeft, is de waarheid wat ze is: *les Flamands ont raison.*

IV. DE WETTELIJKHEID

"Tussen droom en daad staan wetten in de weg en praktische bezwaren", zo zei Elsschot.

Dat geldt niet het minst voor België. Op intellectueel vlak is het overduidelijk dat de Vlamingen gelijk hebben, maar toch is N-VA zelfs met een score van om en bij de dertig procent niet bij machte om haar gelijk af te dwingen. Dat komt omdat op 18 februari 1970 een staatsgreep is gepleegd.

Dat etiket is geen overdrijving. Een staatsgreep is die politieke handeling waarbij een kleine groep de bestaande rechtsorde omverwerpt en een nieuwe machtsbalans installeert. In 1970 heeft de toenmalige "Groep van Achtentwintig" onder leiding van Gaston Eyskens net dàt gedaan: tegen alle natuurrechtelijke principes in heeft men van een democratisch meerderheidssysteem een dictatuur van de minderheid gemaakt.

Ook het etiket dictatuur is geenszins overdreven. Een politiek systeem waarin een minderheid de macht grijpt kan niet anders worden genoemd. Maar de Belgische dictatuur is speciaal. Ze werd niet met geweld ingevoerd, maar slechts geleidelijk. Net zoals ouders te dicht bij hun kinderen staan om te zien dat ze groot worden, zagen de Vlamingen ook niet dat de principes die ze in 1970 aanvaard hebben gradueel hun zelfstandigheid ging inpalmen, en dit zowel op het wetgevende, het uitvoerende als het rechterlijke vlak.

Op wetgevend vlak werd aanvaard dat er taalgroepen zouden worden geïnstalleerd. Aan Vlaamse kant werd dit uitgelegd als een overwinning, want een voorafspiegeling van eigen Vlaamse verkozenen. Maar in feite was dit een van de eerste dammen tegen de tot dan toe immer groeiende Vlaamse politieke macht: terwijl de Vlamingen voor 1970 met een eenvoudige meerderheid via wetgeving zelf het land naar hun hand hadden kunnen zetten, was vanaf 1970 de instemming nodig van minstens enkele leden van de andere taalgroep om te doen wat men vroeger alleen kon.

De motivatie dat men de minderheid wilde beschermen tegen de dictaten van de meerderheid, is vals. Ten eerste is democratie sowieso een dictatuur van de meerderheid. Het zijn slechts de eveneens in de Belgische Grondwet vastgelegde "Rechten van de Belgen" die het potentieel totalitaire karakter van de democratie temperen. Dat was ook het inzicht dat Thomas Jefferson verdedigde toen hij een Bill of Rights eiste als tegengewicht tegen The Constitution. Democratie alleen is dus niet zaligmakend.

Maar nog veel belangrijker is dat het democratisch proces in zijn essentie geen tussenpositie kent: wanneer men de minderheid wil beschermen, dan is er geen niemandsland tussen een geldige meerderheidsbeslissing, maar een democratische blokkering door die minderheid. Als die beschermde minderheid niet akkoord gaat, legt ze de facto haar eigen wil op aan de meerderheid. In een systeem dat minderheden beschermt die groter zijn dan het individu, dicteert de minderheid de richting.

Observeren we bovendien de particratische aard van de Belgische volksvertegenwoordiging, dan is het niet moeilijk te begrijpen dat de macht die sowieso al in handen was van een handvol partijvoorzitters, nu exclusief in handen kwam van de Franstalige partijvoorzitters. De Vlaamse partijvoorzitters mogen alle retorische truken van de foor gebruiken: feit is en blijft dat sindsdien niet zij, maar hun Franstalige collega's beslissen.

Ook in de uitvoerende macht werd een grendel geïnstalleerd, die men vaak "de pariteit" noemt, maar die in feite "pariteit en consensus" genoemd mag worden. Dat er sinds 1970 evenveel Franstaligen als Nederlandstaligen in de regering moesten zitten – de eerste minister uitgezonderd – is op zich niet zo problematisch. Al zijn de Franstaligen op deze manier zwaar oververtegenwoordigd in relatie tot hun bevolkingsaandeel, het feit dat de regering bij consensus beslist is veel erger.

Consensus is namelijk een mooi woord, maar in feite verbergt het een subtiel vetosysteem. Als namelijk één minister niet akkoord gaat, dan kan er per definitie geen consensus zijn. Niet zelden gebruiken de Franstaligen dit als stok achter de deur. Zijn de Vlamingen in de federale regering niet gehoorzaam, dan staat hun een regeringscrisis te wachten. Terwijl beslissen bij consensus in een normale regering dus iets heel gewoons is (anders vorm je geen coalitie), is dat in een regering die bestaat uit twee taalgroepen helemaal anders.

Nu zou je verwachten dat een beetje premier die ene minister dan wel de arm kan omwringen en hem kan verplichten akkoord te gaan, maar dat is opnieuw buiten de Franstalige partijvoorzitters gerekend. Het Belgisch systeem zit zo in elkaar dat elk wetsontwerp dat van de regering komt in het parlement kan worden geblokkeerd met een alarmbel. Wetende dat de partijvoorzitters in België ook beslissen over de positie van de fractieleiders in de Kamer, heeft de regering dus niet veel keuze.

Elke weigering tot consensus is dus een mini-staatsgreep van het moment.

Karel De Gucht was er niet ver van toen hij Ludo Dierickx citeerde en de federale regering "een permanente diplomatieke conferentie" noemde: onderhandelen gaat niet over een bepaald onderwerp binnen één gemeenschap, maar over macht tussen twee gemeenschappen. Daarbij trekken de Vlamingen altijd aan het kortste eind: ofwel gaan ze akkoord, ofwel valt de regering. Als er dus al consensus is, dan is die zeker niet vrijwillig.

Ook in de rechterlijke macht delven de Vlamingen het onderspit, want ook daar is pariteit en consensus: in de gerechtshoven die over staatszaken beslissen zetelen evenveel Franstaligen als Vlamingen. Niet zelden worden daar zaken geblokkeerd, vertraagd of ongedaan gemaakt. En als men al tot consensus komt, dan is het advies of het arrest dat men formuleert vaak vaag genoeg om langs beide kanten anders geïnterpreteerd te kunnen worden.

Maar dat is niet het enige. Ook de hele institutionele setting van de rechterlijke macht is van belang. De manier waarop de rechtspraak in België is georganiseerd volgt met name zeer sterk het Franse model. Anders dan in de common law-landen, waar rechters een zeer grote onafhankelijkheid hebben in het toepassen van het recht, werd in België al van bij de start gekozen voor een gerechtsapparaat dat louter de wet zou gaan toepassen. Dat is een belangrijk verschil.

Die Franse interpretatie speelt Vlaanderen parten. Als rechters enkel de wet mogen toepassen, dan zijn ze in feite een verlengstuk van zij die deze wetten maken. En zoals we weten zijn dat in België de Franstaligen: zij beslissen wat wordt goedgekeurd, en wat niet. De hoofdbetrachting van justitie in België is dus niet om recht te laten geschieden, maar wel om de wet op te leggen. Dat verklaart waarom de Vlamingen zo'n wrang gevoel hebben bij justitie. Het doel van de Belgische justitie is geenszins rechtvaardigheid, maar wettelijke onderdrukking. Het intimiderende Justitiepaleis past helemaal bij die sfeer.

Via het institutioneel arrangement van 1970 slaagden de Franstalige partijvoorzitters er dus steeds meer in om België te reorganiseren op grond van de premisse dat solidariteit voor verantwoordelijkheid komt. Al die tijd konden de Vlamingen geen kant uit. Zowel in de wetgevende, als in de uitvoerende, als in de rechterlijke macht waren en zijn zij nog steeds met handen en voeten gebonden aan het Belgisch systeem.

Sinds die fatale woensdag in 1970 is de macht in België dus autocratisch geworden. Men heeft de instemming van de Vlamingen niet eens meer nodig om te kunnen regeren, laat staan dat men er rekening mee zou moeten houden in de institutionele architectuur van het land. Zelfs al zou de N-VA tachtig procent van de Vlaamse stemmen halen, dan nog zou zij het land niet kunnen hervormen zonder toestemming van de PS.

Daarom is een andere strategie onafwendbaar. Onderhandelen is onzinnig, want om een onderhandeling te kunnen voeren, moet worden vertrokken van een gedeeld principe. En dat is er niet.

Ook verkiezingen zijn onzinnig, want zelfs al verdubbelen alle Vlaamsgezinde partijen hun score, het punt blijft dat de sleutel van het hele juridisch kader – en dus ook van de besluitvorming – in handen ligt van de Parti Socialiste. We moeten dus fundamenteler gaan denken en ons de vraag stellen wat aan de grondslag ligt van elke juridische structuur: moraliteit.

V. LAW EN LEGISLATION

Wie in België de grondwet wil veranderen heeft een tweederdemeerderheid nodig. Dat op zich zou niet zo'n probleem mogen zijn. Achtentachtig van de honderdvijftig zetels in de federale Kamer worden ingenomen door Vlamingen. Alleen, de meeste institutionele veranderingen sinds 1970 staan niet eens in de grondwet, maar in Bijzondere Wetten. Wat daar zo bijzonder aan is, is dat ze quasi totalitair zijn: om ze te veranderen heb je namelijk een viervijfde meerderheid nodig.

Dit is geen fictie. Wie bijvoorbeeld de Bijzondere Wet op de Hervorming van de Instellingen (1980) wil aanpassen heeft niet enkel een tweederde meerderheid nodig in de hele Kamer (100 van de 150 zetels), maar ook nog eens een gewone meerderheid in elke taalgroep. Dat maakt dat de Franstaligen, ook in het hervormen van de staat, een veto hebben. Met één vijfde van de zetels kan in België elke staatkundige hervorming geblokkeerd worden.

Dat zit zo. De Franse taalgroep bestaat uit 62 zetels. 32 zetels vormen dus een meerderheid, 31 een blokkeringsminderheid. Als je nu weet dat de PS zelf al 26 zetels bezet, dan zie je pas waar de macht echt ligt. Het volstaat namelijk dat de PS nog 5 andere Franstaligen kan overtuigen om een blokkeringsminderheid te vormen, en alles blijft zoals het is. Zelfs al zou men proberen, dan nog zou een meerderheid van 32 zetels in de Franse taalgroep nooit kunnen worden gevormd. En men wil het niet eens proberen.

De Vlaamse onmacht is dus totaal. Niet bij machte om wetten goed te keuren, niet bij machte om te regeren en niet bij machte om recht te laten geschieden. Zelfs niet bij machte om dat hele systeem te veranderen. Het juridische kader in België is zo gebouwd dat wie zich aan de wet houdt, onvrij is. Dat, bij uitstek, is het kenmerk van een totalitair systeem.

De politieke perversie die daar het resultaat van is, is voor mij niet meer te harden. Terwijl Vlaanderen zonder enige twijfel de meest solidaire natie ter wereld is, wordt het constant verweten egoïstisch te zijn. Terwijl Vlaanderen nog steeds Franstaligen op zijn grondgebied accommodeert met taalfaciliteiten, wordt het constant verweten bekrompen en onverdraagzaam te zijn. Terwijl de Vlamingen nog steeds de meeste talen spreken van het land, wordt hen constant verweten geen open mentaliteit te hebben.

Tegelijkertijd bestellen de Franstaligen hun nieuwe bussen voor de TEC in Frankrijk, zelfs al zijn die goedkoper bij Van Hool in Lier. Tegelijkertijd weigeren de Franstaligen een gebenedijd woord Nederlands te spreken, zelfs al woont men al jaren in Vlaanderen. Tegelijkertijd blijven de Franstaligen territoriale aanspraken maken op Vlaams grondgebied, zelfs al werd de taalgrens in 1963 mét hun akkoord vastgelegd.

Vlaamse goedheid wordt afgestraft met haatcampagnes in de internationale pers, het procederen tegen de Vlaamse zorgverzekering en het blokkeren van een tweede spoorontsluiting van de Antwerpse haven. Franstalige onredelijkheid wordt beloond met toegeeflijkheid, begrip en inschikkelijkheid. Men bijt in de hand die geeft, slaat op het paard dat trekt, lacht met de mier die werkt. De perversie kan niet groter zijn.

En toch wordt de bron van al die politieke perversies – de grondwettelijke regeling van 1970 – zelden of nooit in twijfel getrokken. Mochten twee voetbalploegen een overeenkomst maken waarin wordt gestipuleerd dat de ene voetbalploeg de bal ook met de handen mag aanraken, terwijl de andere voetbalploeg geen keeper mag hebben, dan zou niemand eraan twijfelen dat deze overeenkomst onrechtvaardig is. In dezelfde termen wordt echter niet over 1970 nagedacht. "Pacta sunt servanda", zegt men dan, en de kous is af.

Maar het is niet omdat een meerderheid van de Vlamingen ooit akkoord ging met de regels die tot deze perversies zouden leiden, dat daarmee ook de metafysische volgorde van de axioma's van het samenleven is veranderd. Wat men daar ooit in die G-28 over is overeengekomen, geen mens kan de waarheid veranderen dat verantwoordelijkheid voor solidariteit komt: "La vérité ne se vote pas".

Dit inzicht is fundamenteel. Zelfs al heeft ooit een meerderheid een bepaalde wet goedgekeurd, dergelijke wetten zijn en blijven kwantitatieve conventies, die kunnen veranderen met de meerderheid die ze wil herformuleren. Maar nooit kan de natuurrechtelijke waarheid worden ontkend dat de mens vrij geboren wordt. De waarheid is kwalitatief, niet kwantitatief. Een baby die in de VS is geboren heeft natuurrechtelijk evenveel rechten als een baby in de USSR. Diezelfde baby in de USSR zal echter van de wieg tot het graf worden onderworpen aan de wetten van een totalitaire staat. Maar niet omdat dat metafysisch de realiteit is, enkel omdat die lokale gemeenschap de wettelijkheid te ver heeft laten afdrijven van het natuurrecht.

Er is dan ook een fundamenteel onderscheid tussen "law" en "legislation", tussen "het" recht en "de" wet. Terwijl het recht wordt ontdekt, wordt de wet gemaakt. Wetten zijn een product van menselijk handelen, die al of niet kunnen samenvallen met de realiteit. Het is niet omdat een wet wordt goedgekeurd, dat ze daarom waar is. Een wet kan ook onjuist zijn. Onjuist noemen we onrechtvaardig. Of "injuste", zo u wil.

Als we dus observeren dat het overheersende gevoel van de Vlamingen tegenover de rechterlijke macht er één is van onderdrukking en onrechtvaardigheid, dan gaat het exact hierover: niet de toepassing van het natuurrecht door moreel soevereine individuen is van belang, maar het uitvoeren van dwangmaatregelen door quasi-ambtenaren in geval van overtreding. Het gerecht als handlanger van de politiek.

Daar waar "de" wet mensgemaakt is en wordt gehandhaafd op basis van gezag, is "het" recht een metafysisch begrip dat wordt gehandhaafd op basis van de realiteit. "Law" gaat over het toepassen van de principes van het natuurrecht. "Legislation" gaat over het toepassen van wat als wettelijk wordt aanvaard na een politiek proces.4

Het is duidelijk dat het wettelijk kader in België helemaal niet meer overeenstemt met het natuurrecht: terwijl elke Vlaming metafysisch vrij geboren is, wordt hij onvrij gemaakt door menselijk toedoen. Het wordt tijd dat de Vlamingen beseffen dat de enige manier om recht te halen, het breken van de wet is.

---

4 Het is met name Friedrich von Hayek die dit observeerde in zijn magnum opus uit 1973: "Law, Legislation en Liberty": in totalitaire regimes is er geen "law" meer, maar enkel nog "legislation".

VI. DE KWANTUMSPRONG

Het breken van de wet is per definitie altijd een illegale handeling. Maar daarom nog geen immorele. Een regime kan na verloop van tijd zo afgeweken zijn van het natuurrecht, dat ze actief een kloof organiseert tussen law en legislation om de eigen macht te bestendigen. Wie die kloof probeert te dichten, stelt dan wel een illegale handeling, maar met een fundamenteel moreel doel: het herstellen van de natuurrechtelijke toestand van individuele vrijheid, het stoppen van de politieke perversie.

Op 20 december 1934 bijvoorbeeld, nam de Reichstag de Heimtückegezetz5 aan: de Wet op het Verraad. Die wet stipuleerde dat wie kritiek durfde uiten op het Nazi-regime, strafbaar was. Toch waren er dissidenten die via ondergrondse publicaties kritiek bleven uiten: in de Duitse politieke context een uiterst illegale bezigheid, in het licht van de universele principes van het natuurrecht een zeer morele.

Net zoals individuele dissidenten bewust de wet kunnen breken om het recht te herstellen, zo kunnen ook naties dat. Als er niets verkeerd is met het breken van een immorele wet, dan is er bijgevolg al helemaal niets verkeerd met het opzeggen van een politiek verband dat die immorele wetten in stand houdt. Thomas Jefferson formuleerde het als volgt:

---

5 Heimtückegesetz, of "Wet op het verraad" van 20 december 1934, RGBI 1934, I S. 1269f

"When in the course of human events it becomes necessary for one people to dissolve the political bands which have connected them with another and to assume among the powers of the earth, the separate and equal station to which the Laws of Nature and of Nature's God entitle them, a decent respect to the opinions of mankind requires that they should declare the causes which impel them to the separation."

Laws of nature dus, en niet legislation. Dit idee was trouwens niet nieuw. Jefferson had Locke gelezen, en Locke had zelf een aantal heel duidelijke voorbeelden gezien van naties die politieke verbanden verbraken. Met name in onze eigenste achtertuin is daarvan een prachtvoorbeeld te vinden: op 22 juli 1581 besloot de Staten-Generaal der Nederlanden om Filips II af te zetten als hun heerser. Ook hij had geprobeerd om via de wet de individuele rechten (privilegien) aan zijn onderdanen te ontnemen. De reactie was ernaar:

"En so wanneer hy sulx niet en doet, maer in stede van zijne ondersaten te beschermen, deselve soeckt te verdrucken, t'overlasten, heure oude vryheyt, privilegien ende oude herkomen te benemen, ende heur te gebieden ende gebruycken als slaven, moet ghehouden worden niet als Prince, maer als een tyran ende voor sulx nae recht ende redene magh ten minsten van zijne ondersaten, besondere by deliberatie van de Staten van den lande, voor egheen Prince meer bekent, maer verlaeten ende een ander in zijn stede tot beschermenisse van henlieden voor overhooft sonder misbruycken ghecosen werden."

Wat van primordiaal belang is bij deze twee voorbeelden is dat noch het Plakkaet Van Verlaetinghe, noch de Declaration of Independence juridische documenten waren. Het waren morele documenten. Meer nog: ze verkregen pas juridische waarde nadàt Filips II in de feiten moest erkennen dat ie vervallen was verklaard van de troon. De nieuwe wettelijke situatie volgde dus de morele sprong die men gemaakt had, niet omgekeerd.

In dat verwerpen van die ongeoorloofde machtsaanspraak, in dat ogenblik van onmerkbare overgang, in dat ene morele moment, sterft het oude juridische verband, en wordt een nieuw juridisch verband geschapen. Op dat ogenblik wordt letterlijk iets nieuws geboren, dat tegelijkertijd eeuwenoud is: het idee dat het individu moreel en politiek soeverein is, en dat geen wet ter wereld die waarheid kan veranderen.

Het is een moment waarop alle axioma's van het samenleven terug in hun natuurlijke volgorde vallen, en de rede terug in ere wordt hersteld. Het is een ogenblik van waarheid waar men door wordt geraakt, een esthetische ervaring die men vast wil leggen in een grondwet. Het is het gevoel deel uit te maken van iets universeels, het is een zijnsmoment, krachtig in zijn eenvoud en puur in zijn beleving.

Dat moment komt er echter niet vanzelf. Vrijheid is niet iets wat wordt gegeven, het is iets wat men moet verdienen. Secessie plegen, individueel of collectief, vergt moed, zelfbewustzijn, morele integriteit en vastberadenheid. Het is een kwestie van het aandurven, de moed hebben, riskeren, wagen, zich verstouten.

Wie zegt dat de Vlaming dit niet in zich heeft, spreekt de feiten tegen. We zijn experten in het breken van de wet. Wat "van Brussel" komt, voeren we nominaal wel uit, maar we doen het nooit zoals het hoort. We zijn meesters in het omzeilen van regels. We glimlachen naar politici, maar we hebben een fundamenteel wantrouwen in de macht. We doen netjes onze plicht, maar we denken er het onze van. De Vlaming heeft een gezond soort burgerlijke ongehoorzaamheid.

Het enige waar we blijkbaar niet in slagen is om die burgerlijke ongehoorzaamheid om te zetten in fundamentele termen. De Vlaming gebruikt zijn denken namelijk enkel om de macht in concrete gevallen te omzeilen. Maar nooit kijkt hij de macht recht in de ogen en zegt hij met de moed der overtuiging: "Tot hier en niet verder". We zijn de rebellen van het belastingformulier. Kwaaie pantoffelhelden. Guerrillero's die naar Thuis kijken.

Wat we nodig hebben is een levensvatbaar plan. Lang heb ik geloofd dat dat meteen maar de Vlaamse onafhankelijkheid moest zijn. Maar bij nader inzien heb ik een aantal zaken over het hoofd gezien. Het punt is niet dat een dergelijk plan niet kan werken omdat er in Vlaanderen geen meerderheid voor zou zijn. Het punt is niet dat ik Vlaamse onafhankelijkheid niet wil. Het punt is evenmin Brussel, of alle andere redenen die Belgicisten weten te bedenken.

Het punt is dat Vlaamse onafhankelijkheid in feite een zwaktebod is. Vlaanderen bezit een democratische meerderheid in België, heeft een volstrekt legitieme hervorming voor ogen, en het hele natuurrecht aan zijn kant. En onder die uitstekende omstandigheden zouden we dan nog niet in staat zijn om België op de premisse van verantwoordelijkheid te hervormen? Komaan zeg! Wat vertelt dat over onze politieke wilskracht?

Stel je maar eens voor dat Vlaanderen met een miezerige eenzijdige onafhankelijkheidsverklaring zijn zelfstandigheid verkrijgt. Wat zouden die "Founding Fathers" dan aan hun kleinkinderen vertellen? Dat ze weliswaar de meerderheid hadden in het vroegere land, maar dat ze hun democratisch recht niet durfden opeisen? In plaats van de regels van een onrechtvaardig spel te verwerpen en te veranderen, ga je maar beter een eigen spel spelen? Wat een stichtend voorbeeld!

Neen. Wie de moed niet heeft om, bij machte, onrechtvaardigheid aan de kaak te stellen, is zeker niet in staat om zelf een rechtvaardig land te stichten. Als Vlaanderen ooit onafhankelijk wordt, dan moet de stichting van dat land getuigen van een eigen kwantumsprong, een eigen reden van bestaan, een eigen existentie. Enkel dat inspireert, enkel dat motiveert.

Nergens op de planeet bestaat een land waarvan een bevolkingsgroep die zelf de meerderheid van dat land uitmaakt secessie wil plegen. Secessie is bij uitstek een minderheidsstandpunt. De meerderheid vraagt niet naar secessie, maar bestuurt het land. In België bestuurt het land de meerderheid. Niet het uitroepen van de onafhankelijkheid is de eerste prioriteit, maar het uitroepen van de soevereiniteit van de Vlamingen binnen de Belgische constructie. Geen feest dus in het Vlaams Parlement, maar een boude actie in dat parlement waar de staatsgreep veertig jaar geleden plaats gevonden heeft: het Belgisch parlement.

Dat kan met een eenvoudige resolutie. Het volstaat dat een gewone meerderheid van de Kamerleden van de Nederlandse Taalgroep een "Plakkaet van Verstotinghe" aanneemt waarbij alle blokkeringsmechanismen ongegrond worden verklaard. Ongegrond wil zeggen: niet gegrond in de werkelijkheid. Gebaseerd op een leugen. Irrationeel. Ondemocratisch. Immoreel.

Geen belangenconflict, noch alarmbelprocedure, noch dubbele meerderheid kan aan een dergelijk politiek feit iets verhelpen. Daarmee doel ik in eerste instantie niet op het feit dat een resolutie juridisch-technisch niet kan worden gevat door de traditionele blokkeringen. Zelfs wanneer men dezelfde tekst in een wet zou gieten, dan zou ook dat een voldoende politiek feit zijn om de grondwettelijke regeling van 1970 met al zijn politieke mechanismen van dien, verbeurd te verklaren.

De Vlamingen moeten koster nog koning de goedkeuring vragen om hun soevereiniteit uit te roepen en de grondwettelijke regeling van 1970 ongegrond te verklaren. Er is geen enkele juridische uitleg die deze politiek-morele handeling kan ontkrachten, want de moraal is net de grondslag van het recht. Ze herstelt de werkelijkheid zoals die is, ze maakt een einde aan de perversie, en ze wordt daarenboven, als laatste argument, nog gelegitimeerd door een meerderheid ook.

Daarom: gedaan met onderhandelen. Je kunt niet blijven vluchten, soms moet je vechten, je tanden laten zien, zich man tonen. Weg met de pariteit in de regering: proportionele vertegenwoordiging is de enige democratische optie. Weg met het belangenconflict: politiek IS een belangenconflict. Weg met de alarmbelprocedure: democratie IS de procedure.

Deze oplossing is niet revolutionair. Er moeten geen grote verklaringen worden afgelegd, geen betogingen georganiseerd, noch offers gebracht. Kinderen kunnen blijven zwemmen, scholen gaan door, het land werkt. Geen enkele internationale waarnemer zal bovendien kunnen argumenteren dat het beëindigen van een ondemocratisch regime dat al veertig jaar aan de macht is, geen zaak van vrijheid is.

Franstaligen zullen nog steeds kunnen stemmen, sociale zekerheid ontvangen, een uitstapje naar de Vlaamse Kust maken. Het enige wat verandert is dat zij die zo hard hebben gepleit voor compromis, redelijkheid en democratie, die redelijkheid nu ten volle zullen beleven: verantwoordelijkheid komt voor solidariteit, en dat zal in de feiten ook zo omgezet worden. Men kan er donder op zeggen dat het federaal beleid dat de Vlamingen zouden voeren een stuk rationeler zou zijn dan het beleid dat de PS tegenwoordig bepaalt.

Het staat de Franstaligen overigens ook volledig vrij zich niet akkoord te verklaren met deze democratische omwenteling. Indien dit niet overeen zou komen met de marxistisch geïnspireerde setting van de Waalse politiek, dan verhindert niets of niemand hen om zelf de onafhankelijkheid van Wallonië uit te roepen en dat arbeidersparadijs meteen te stichten. Maar dan wel op eigen kosten. Geen flamingant die hen zou tegenhouden.

Zij die beweren dat een dergelijk plan "politiek onhaalbaar" is hebben de kwantumsprong nog niet gemaakt. Politieke haalbaarheid definieer je zelf.

Indien er dus Vlaamse Kamerleden zijn, vooral ter rechterzijde, die menen dat het aannemen van een dergelijke resolutie ondemocratisch is, of een verraad is aan de Vlaamse Zaak, zeg hen dan dat met deze regeling de democratie net hersteld wordt, en hiermee geen enkele blokkering van een verdere evolutie naar een Vlaamse staat wordt opgeworpen, integendeel.

Indien er Vlaamse Kamerleden zijn, vooral in het centrum, die menen dat het aannemen van een dergelijke resolutie onredelijk is omdat er dwang wordt gebruikt, zeg hen dan dat vrede niet het uitgangspunt is van de rede, maar het resultaat ervan. Dat dwang gerechtvaardigd is tegenover zij die ons dwingen om in een irrationeel, pervers en ondemocratisch land te leven.

Indien er Vlaamse Kamerleden zijn, vooral ter linkerzijde, die menen dat het aannemen van een dergelijke resolutie immoreel is of grote instabiliteit zou veroorzaken, zeg hen dan dat stabiliteit niet het uitgangspunt is van emancipatie. Menen zij het werkelijk met het gelijkheidsideaal, dan is het herstel van het principe waar Daens voor gevochten heeft – one man one vote – iets waar zij vurig aan moeten meewerken.

De opdracht van elke Vlaamse politicus is dus om de durf aan de dag te leggen om het omgekeerde te doen van wat men nu al veertig jaar doet: in ruil voor wat bescherming tegen de irrationaliteit van de Franstalige dictatuur, steeds meer essentiële vrijheden opgeven.

Ik besluit met Benjamin Franklin (1706 – 1790):

"Those who would give up essential liberty to purchase a little temporary safety, deserve neither liberty nor safety."

Als Vlaanderen de stappen zoals hierboven niet durft nemen, dan is het zijn autonomie niet waard.

Brecht Arnaert

EPILOOG

Op donderdag 1 december 1955 nam Rosa Parks de bus naar huis na een dag werken als kassierster in het warenhuis Montgomery Fair Department Store in het stadje Montgomery, Alabama. Rosa Parks was zwart en toentertijd gold in die staat een strikte rassenscheiding in het publieke leven. Op de bus mochten zwarten enkel achteraan zitten, de eerste vier rijen waren standaard voorzien voor blanken.

Parks zat met drie andere zwarten op rij vijf, zoals het gemeentereglement voorzag. Toen na enkele haltes echter alle plaatsen voor blanken benomen waren, maande de buschauffeur de vier zwarten op rij vijf om een rij naar achter te schuiven en zo de nieuw opgepikte blanke klant plaats te geven. Drie van hen gehoorzaamden. Rosa Parks weigerde.

De buschauffeur maande haar nogmaals aan, en verwittigde haar dat hij haar zou laten arresteren als zij niet gehoorzaamde. Hoewel Parks goed wist dat buschauffeurs politionele bevoegdheden hadden en dit dreigement dus uitgevoerd kon worden, bleef zij zitten waar ze zat. Uiteindelijk werd ze gearresteerd en opgesloten onder beschuldiging van het overtreden van Hoofdstuk 6, Sectie 11 van het gemeentereglement.

Parks was niet moe, niet oud, niet ziek toen zij weigerde haar plaats af te staan. Haar gedrag kan niet in die termen uitgelegd worden. Haar ostentatieve weigering om op te staan en plaats te maken voor een blanke was een puur politieke daad. Zij daagde het dogma uit dat een individu met een andere huidskleur intrinsiek minderwaardig was dan een ander individu, en wel principieel: ze brak de wet om recht te halen.

Wat Rosa Parks op die donderdagavond in Montgomery deed was een mentale sprong maken van het wettelijke naar het morele. Zij wist perfect dat zij een illegale actie ondernam, maar ook dat zij de wet brak in de volste morele legitimiteit: het is niet omdat iets wettelijk is, dat het daarom ook moreel is. Het kon Parks hoegenaamd niets schelen dat zij de wet brak, want de wet was onrechtvaardig.

Ik meen in dit essay de grondslagen te hebben aangereikt op basis waarvan de Vlamingen (en met name hun politieke vertegenwoordigers) een soortgelijke illegale actie kunnen legitimeren. Het is niet omdat in 1970 een perverse grondwettelijke regeling werd afgesproken dat die in het licht van universele natuurrechtelijke principes legitiem is. Het is een teruggrijpen naar het natuurrecht (law) dat de fundering kan bieden voor het breken van dit onrechtvaardig bestel (legislation) en het is het onderscheid tussen een axioma (wetenschap) en een dogma (ideologie) dat ons in staat stelt te weten dat we juist zijn met ons oordeel: zelfs al beweren honderd Elio Di Rupo's dat solidariteit voor verantwoordelijkheid komt, het is niet zo. Elke staat die op zijn principe gesticht wordt, is een tirannie, en moet gebroken worden.

Steeds hebben de Vlamingen zich aan de wet gehouden en het resultaat is geweest dat hun hoofdstad is verfranst, hun kiesrecht beperkt, hun grondgebied betwist, hun solidariteit beschimpt. Dit zijn volstrekt logische resultaten in het licht van de premisse die in 1970 aanvaard is. Sinds die fatale woensdag in februari is in België geen enkel compromis meer gesloten: stuk voor stuk waren de staatshervormingen principiële toegiften op de sowieso al onvervreemdbare politieke rechten van de Vlamingen.

Of deze regeling nu democratisch bedongen is, of via een staatsgreep zoals ik argumenteer, is daarbij zelfs niet eens van belang. Feit is dat de natuurlijke volgorde van de axioma's van het samenleven zijn omgekeerd, en het land op veertig jaar tijd in één van de grootste politieke perversies van Europa is veranderd. Dat de onderdrukking van de zwarten in Amerika veel gewelddadiger en onrechtvaardiger was dan die van de Vlamingen in België, is slechts een gradatie in schaal, niet in principe. Flemish is beautiful, en vrijheid is universeel.

Elke wet die niet logisch voortbouwt op het natuurrecht maar ontsproten is aan een dogmatische ideologie is ongeldig, en wacht op moedige mensen om ze te breken. Wat de uitkomst van deze onderhandelingen ook zal zijn, het zal een perversie zijn, die de rechten van de Vlamingen op één of andere manier nog verder compromitteert. Deze onderhandelingen moeten stoppen: met een onderdrukkend regime onderhandel je niet, je dwingt je vrijheid af.

Het Belgisch institutioneel systeem is intrinsiek onrechtvaardig en dat is de enige appreciatie die moet gemaakt worden. Al de rest is retoriek. Het is onmogelijk om een onrechtvaardig systeem van binnenuit te hervormen, gezien zij die voordeel halen bij die onrechtvaardigheid, de sleutels van hun macht nooit vrijwillig zullen afgeven. De Vlamingen moeten de wet breken om recht te halen.

***

Doorheen het onderzoeken van het verschil tussen law en legislation, ben ik talrijke voorbeelden tegengekomen van mensen die opkwamen voor hun rechten, tegen de wet in. Er is niet alleen Rosa Parks in de VS, maar ook Natalya Gorbanevskaya in Rusland, Roland Jahn in Oost-Duitsland, Aung San Suu Kyi in Birma, Liu Xiaobo in China en talloze anderen. Vlaamse jongeren kunnen een voorbeeld nemen aan onze eigenste Flor Grammens (1899 – 1985), een Vlaams politiek dissident waar het Belgisch regime tot aan zijn dood geen raad mee wist, en een man wiens levenswerk ik diep respecteer.

Wat drijft deze mensen? Waarom nemen ze het risico om de perversies te benoemen, de dogma's neer te halen, kritiek te blijven geven, terwijl ze goed weten dat ze wellicht zullen worden belachelijk gemaakt, vervolgd en opgesloten of in sommige gevallen zelfs dagelijks gemarteld, opgeknoopt en doodgeslagen? Omdat ze niet in een leugen kunnen leven. Omdat de waarheid hen dierbaarder is dan hun eigen leven. Het zijn mensen die een keuze gemaakt hebben die door niemand beter verwoord werd dan door Patrick Henry: "Give me liberty, or give me death".

Wie ooit de esthetische ervaring meegemaakt heeft die gepaard gaat met het besef dat vrijheid niet alleen praktisch wenselijk, maar ook filosofisch mogelijk is, is ermee aangestoken. Het gevoel dat je in een leugen leeft gaat nooit meer weg. De pure wetenschap dat de mens in staat is om vrij te zijn, als hij maar enkele natuurrechtelijke principes in acht neemt, geeft je de hoop én de zekerheid dat het anders kan. Die esthetische ervaring, van weten wat je voelt, en voelen wat je weet, herlaadt het reservoir van je onderbewustzijn met een lading emotionele brandstof die geen enkele drug op aarde kan benaderen.

Het was ondermeer Rosa Parks die Martin Luther King inspireerde tot het schrijven van de befaamde speech die hij bracht op de trappen van de Lincoln Memorial in Washington. Telkens ik die herlees, krijg ik kippevel. Waarom? Omdat in die speech de wereld beschreven wordt zoals ie metafysisch is. De mens is vrij geboren, en enkel mensgemaakte wetgeving maakt hem onvrij.

Ik kan enkel maar wensen dat zoveel mogelijk Vlamingen een glimp van dit gevoel konden ontwaren bij het lezen van dit boek. Weet dat dit land een leugen is, dat enkel met propaganda in stand kan gehouden worden. Weet dat dit land van ontsporende treinen, ontsnappende gevangenen en groeiende armoede niet de normale staat van de mens is, maar een mensgemaakte nachtmerrie. Weet dat de waarheid bestaat, en het erop aankomt die correct te identificeren.

Ik besluit met de opdracht, ons in 1947 al gegeven door de grootste Vlaamse schrijver aller tijden:

"Gij dacht, o lijdzaam volk, dat 't gruwelijk getij
der oude tyrannie voor immer was voorbij.
Weet nu dan dat uw stem door niemand wordt aanhoord,
Zoolang gij stamelend bidt of bedelt bij de poort."

Brecht Arnaert,

5 september 2011

www.ingramcontent.com/pod-product-compliance
Lightning Source LLC
Chambersburg PA
CBHW071641050426
42443CB00026B/824